RESUMEN DEL ACTA DEL JURADO

Reunido en el Teatro Zorrilla de Valladolid el día 10 de junio de 2025, el jurado del XI Premio Internacional de Poesía José Zorrilla, con la presidencia de honor de Luis María Ansón, y compuesto por Jorge de Arco, Raquel Lanseros, Luis Alberto de Cuenca, Jesús Fonseca, Fermín Herrero y Carlos Aganzo, acordó por mayoría proclamar ganadora la obra titulada *Casa nostra,* de la que una vez abierta la plica resultó ser autor Antonio Manilla.

poesía Hiperión, 868

ANTONIO MANILLA

CASA NOSTRA

Antonio Manilla

Casa nostra

XI Premio Internacional de Poesía José Zorrilla

Hiperión

poesía Hiperión
Colección creada en 1975 por
Maite Merodio y Jesús Munárriz
Diseño gráfico: Equipo 109
Ilustración de la portada:
© Joaquín Escuder Viruete
Estrella negra. Tinta sobre papel. 2014
De la fotografía del autor:
© Alejandro Maestro

El Premio Internacional de Poesía José
Zorrilla fue creado por Enrique Cornejo
en el Teatro Zorrilla de Valladolid

Primera edición: 2025
© *Copyright* Antonio Manilla, 2025
Derechos de edición reservados: © EDICIONES HIPERIÓN, S. L.
Apartado de Correos 10.343 • 28010 Madrid • Teléfono 620 40 51 15
http//www.hiperion.com • e-mail: info@hiperion.com
ISBN: 978-84-9002-273-3 • Depósito legal: M-21550-2025

IMPRESO EN ESPAÑA • UNIÓN EUROPEA

A las cuatro casas que los hombres poseen se dedica este libro: el pasado, la infancia, la muerte y, en muchos casos, la literatura.

Salón sin luz

ABUELOS

Ella lava la ropa. Él dibuja en el suelo,
con el cayado, un nombre. Alrededor,
los nietos juegan.
                    Julio y el espejismo
—sus risas y festejos el otoño las barre—
de un mundo joven y distinto al suyo.

ALBERCA

Hay un corral y un pozo,
estiércol seco
junto a la vieja alberca
rodeada de acacias.

Allí nos refrescábamos
las tardes
de agosto y moscas locas
y canícula
que hacían su existencia
un paraíso
accesible y privado
a los mayores.
Recuerdo nuestras risas.

Con el tiempo,
es cierto que acabó
por convertirse
en un lugar prohibido:
se había ahogado alguien.

Sin embargo,
muchos años después,
yo me bañé una noche
en nuestra alberca.

En sus tranquilas aguas,
luego, la fría luna
recompuso
muy lentamente el rostro.

Un niño la miraba.

PATRIA

Año tras año, es más angosto el río,
son menos las libélulas,
más amplias sus riberas.
Pero sigue acudiendo el niño

al que su padre un día
le entregó un aparejo y una caña.
Ahora es un hombre y nada
le anuda a sus orillas:

tiene el mundo ante sí,
tierras por explorar, el ancho cielo,
universos sin fin,

pero nunca alza el vuelo.
Una vez y otra vuelve aquí:
su herencia fue este anhelo.

SALÓN CON RETRATOS

En el salón sin luz de los retratos
están la radio antigua y la fresquera,
el arcón de los dulces,
la imagen triplicada de un niño con pañales
que nos mira a nosotros
—que no le conocemos—
desde un ayer que alguna vez
debió de ser presente
con nuestros mismos ojos tristes.

LA TÍA SOLTERA

Tan solitaria y sola
en sus domingos de Madrid,
cuando podía se escapaba al pueblo
en el coche de línea
con racimos de bolsas en las manos,
unas bolsas livianas
repletas de regalos útiles
—no conocía otro modo
de agasajar a sus sobrinos—
envueltos en olor a naftalina.

Tan solitaria y sola
también allí, en su desierta casa
con sus misas y su vergel,
expiando cualquier culpa
ignorada, habitante
de un mundo propio, del que sólo ella
poseía el secreto,
guardando la memoria de su madre.
No estaba loca: éramos
su única familia.

Al recordarla, evoco
su recia soledad impenetrable,
y una bien merecida gloria

de huraña y peliaguda,
aunque en el fondo buena,
como los solitarios,
los que han sufrido mucho.
Y, sobre todo, acendrado metal,
un rasgo de familia:
su áspero cariño.

NOTICIAS TRISTES PARA AMELIA

Ya se cayó la casa: los inviernos,
con su ruda piqueta durante tantos años,
han demolido tercamente muros de piedra,
roto techos, agrietado
el oculto equilibrio
que un día ya lejano
cifró las esperanzas y pasiones
de tus antepasados.

«Se levantó entre todos…»

—y, al decirlo, tu abuela evoca a sus hermanos
Víctor, Álvaro, Julio, Queta,
Manuel, Julián y Chano:
si dejo aquí sus nombres
no es por orgullo vano
ni familiar recuerdo:
es para que no caigan en el saco
sin fondo del olvido.
                              (Uno a uno
los alejó la vida, ese animal extraño).

«Tantos», dice ella, cuyo rostro ya
se inclina hacia la tierra,
«tantos, y aquí ninguno está enterrado».

TRES DÍAS DE OCTUBRE Y UNA CODA

A Sole, madre de cuatro hijos, *in memoriam*

la gracia de la plenitud, la belleza de lo cumplido
José Antonio MUÑOZ ROJAS

PRIMA NOX

Es la primera noche.

Tú bajo tierra y la orfandad
que troca el mundo en un rincón inhóspito
mientras el universo,
ajeno a tu quebranto, ajusta su engranaje
de estrellas y galaxias, órbitas y energías,
para ofrecer el impoluto cielo
de la primera noche de la Tierra:

un firmamento en tu memoria
—el fulgurante anuncio
de una divinidad sobre nosotros—

al que después sucede una feroz helada
que chamusca los campos
y tronza sin pasión el cuello de las rosas.

19

MATER AETERNA

Qué vacías las llenas calles cuando
tú ya no estás sino en tus cuatro insomnes
ramas, qué soledad tan plena cuando
el humo de tu voz se desvanece,
frase tras frase, hacia el olvido,
entre el fragor del todo y de la nada.

Yo aún te veo, pero cada vez
me cuesta más oírte y no es el ruido,
el silencio o la música
quienes borran tu huella. Es lo que tú
más fuiste, lo mejor de ti, quien te disuelve
—y ofrece compañía y me conforta.

Te recuerdo cantando, mas tu voz
se adelgaza del timbre que tuviste
y se queda en los huesos, en la esencia,
la lengua que creó este mundo:
lo maternal: una inflexión y un tono
que abraza el aire y me rodea entero…

SEMPER

Aquí tu herencia:
el abrazo, el elogio, las caricias
con razón o sin ella, porque sí,
la entrega sin porqué,
la noche adentro.

Aquí la herencia
que acojo y hago mía para siempre,
tu humilde patrimonio:
un amor sin ayer ni ahora, sólo
amor, ajeno al tiempo.

CABO DE AÑO

Me acaricio el ombligo.
En su nudo de carne
toco a mi madre muerta.

PRÓXIMO Y LEGIBLE

el destino vuélvese próximo y legible
Sophia DE MELLO BREYNER ANDERSEN

Legible como un río
a ojos del pescador, así el futuro
que te aguarda a la vuelta de los años,
hijo mío, está escrito en la corriente
que a tu madre y a mí nos lleva, al tiempo,
a cuanto se interpone
ante el vasto caudal que arrastra el mundo
indiferente.

Perdona nuestro amor
que no supo bastarse ni cumplirse
y que un día te trajo
de una nada apacible a esta nada violenta,
corriendo hacia la nada
como un río.

INDIVIDUALIDAD

Es un lugar lejano y esa foto
se la hice yo a tu madre en la luna de miel.
Los tres años del hijo me preguntan:
—¿Y dónde estaba yo?

MAY THE FORCE BE WITH YOU

Yo te deseo fuerza en lo que importa,
ahora que naces, hijo, a la existencia
en el tiempo y la edad, esa carrera
para llegar a ti. No es larga o corta:

depende sobre todo de la forma
en que afrontes que el mundo es una cuesta:
a partir de ahora todo será pérdida,
de cada cosa vas a ser la horma,

quieras o no, deja de lado el puesto
final, tómalo con filosofía.
Yo te deseo fuerza y aquí te aliento

para de cada día hacer el día
y de cada segundo ese primero
que está en lo alto del podio de la vida.

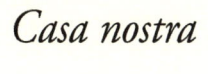

Casa nostra

LA DORMICIÓN CAMPESTRE
DEL POETA NONATO

Una distante estrella
no importa si apagada
que en mitad de la noche
sirve como lucero
a remotos amantes
y suicidas rebeldes.

Una canción dulzona
que suena por la radio
en la alcoba velada
y atiza el corazón
mientras el sueño acude.

Los faros de los coches
que entran por la ventana
y surcan las paredes
como fosfenos locos.

Los últimos renglones
leídos a un poema de Virgilio,
tal vez una oración pensada.

El medroso traspié
al entrever por fin la oscuridad.

La extraña voz del cárabo.

EN LA NOCHE REPLETA

Loado sea el espejismo astral
que cada día alumbra ese profuso lienzo
a cuyo amparo alienta el corazón
visiones de otras vidas, tiempos alternativos,
destinos paralelos.

Bajo ese tembloroso umbral al hombre
le fue otorgado el don de concebir el fuego
que arrasa y funda, como el inconstante amor
—relámpago en lo oscuro—
y el sueño que confunde.

Paradoja del cosmos que en la noche colmada
inunda con fulgores
el tropel concurrido de los astros:
muchas de esas estrellas ya no existen
fuera de la ilusión que anuda la mirada
con lazo de quimera, son luces abolidas
en la honda historia cósmica, son sobras
de cantería, vanas lumbres
que laten en la hondura del pretérito
a eones de distancia.

El universo que existió una vez,
neto y difuso igual que el vasto río

que pasa y que persiste
—símil también del tiempo continuo y moribundo—,
propicia el numeroso y muelle oasis
donde el ensueño humano
halla socorro y combustible.
En la noche repleta de entelequias,
luz de miembros fantasmas, desvaídos:
monedas en los puños de ese niño que somos.

Loado engaño perdurable
que agita al alma ansiosa de certezas.

Firmes constelaciones, temblor del firmamento,
no es real cuanto luce, vibra lo que es más cierto:
tu corazón ahora.

VOLVER

Colina arriba, asciende el fatigado tren
por la vía de plata rodeada de helechos.

Regreso a la promesa azul de las montañas,
cuyo tesoro es verde.

¿Cómo he venido aquí?
¿Qué me atrajo al rincón de una fuente que mana,
escondida de todos,
en mitad de un paraje donde sebes y murias
recuerdan que unos hombres
dieron batalla al tiempo con sus manos?

¿Qué opaca fantasía
les haría pensar que, bajo el cielo,
hay algo más que amores que se apagan,
caminos que se cierran,
ortigas y zarzales dispuestos a saltar
el muro que separa al monte del jardín?

Soñaron como dioses
que brindan ilusorios con sus copas
sentados al banquete de la ancha eternidad.
Fundaron en lo frágil su utopía
e hicieron con arena los cimientos
de esta ruina futura.

Pasados veinte años, he acudido
hasta esta tarde gris a levantar
acta de defunción
de un mundo malherido en la cuneta
sin nadie que le asista. Cuatro viejos
mal enterrados quedan. Ceniza y testimonio

del cruel anochecer de lo rural.
Soledad y abandono de un tiempo despoblado.
Ladridos vagabundos.
Farolas para nada y árboles sin alcorques,
errantes en el viento
como hojas desprendidas de almanaque.

Panorama menudo —cortado por las cumbres
que recogen al pueblo en su vaguada—
y el respirar de un río
que corre acogotado entre las peñas
y una naturaleza que, henchida de sí misma,
fuera de madre, exige lo que una vez fue suyo.

Siento que a mí también me expulsa, ahora,
el mismo sentimiento exorbitado:
el viajero que huyó tan solo reconoce
ajados sinsentidos al volver
y nada sobrevive de cuanto conoció
el joven obligado por la vida al destierro.

Ladera abajo, echo por la ventana
un último vistazo a ese paisaje

que en el reflejo del cristal trepida
como diciendo adiós
con un pañuelo. Es para siempre adiós.
¿Por qué iba a regresar?

Comienza a oscurecer cuando me voy.
Me asalta un grave y fútil pensamiento:

el pasado no vuelve y es un soplo la risa
de los frenos del tren que se acelera.

UN MOMENTO DE LUNA

A Eloy Sánchez Rosillo

Busca la eternidad de lo que pasa,
la permanencia oculta de lo breve,
el pálpito perenne que en lo efímero
anuda la memoria a un instante
y lo convierte en piedra,
en flujo incomprensible
que, pleno de verdad y vida,
existe sin un fin
mientras tu vida existe.

La luna, ayer, sin ir más lejos.
En el centro del aire,
llena e inolvidable y ya olvidada
en su exacto contorno
o en el brillo preciso de su halo,
pero presente en ti
de una vez para siempre
—su luz en los pasillos de tu sangre—
la magia que convoca su recuerdo.

Pues no fue ayer sino hace muchas noches
cuando, en verdad, la contemplaste así:
colmando el firmamento de tu alcoba
a través del cristal, su luz llenaba
la habitación entera.

En el centro del mundo,
el niño que tú fuiste era consciente
de una verdad antigua y novedosa:
que a veces un segundo contiene al tiempo entero.

Pues todo cuanto importa
podría conjurarse en un instante,
en un momento único
unirse tierra y cielo, arriba y abajo,
luz y sombra, contigo en medio.

Ese saber de súbito
admirable y terrible y casi insoportable
gobierna desde entonces tu existencia
y añade confusión al ser que eres.

Y es que al volver a verte —ahora, entonces—
concisa y pura en el instante único
de todas mis visiones, he pensado
si debería haber un hombre aquí,
jugando con sus cosas,
ligeramente ensimismado en algo
que le atrae y le excede...

Y ese lugar sin nadie que es mi infancia
lo he sentido habitado.

THE LOST WORLD

Una vez nuestro
—lo hemos perdido, como todos—,
cada día alimenta la nostalgia.

Es el mundo perdido de la infancia.
Sabemos que está ahí,
mas no para nosotros.

HAIKORITOS

Pegado al monte
—bulto de motorista—
desciende el cierzo.

También la luz
es hoja que se mece
en la corriente.

Chisporrotean
los astros en la plancha
del firmamento.

Nocturno mar.
Peces fuera del agua
son las estrellas.

Arroja el sol
limosna de monedas
al pobre charco.

MIGAS

hallo, en fin, que ser muerto en la memoria
del mundo es lo mejor que en él se asconde,
pues es la paga dél muerte y olvido,

y en un rincón vivir con la vitoria
de sí, puesto el querer tan sólo adonde
es premio el mismo Dios de lo servido.

Francisco DE ALDANA

Son diversas las tramas de los hombres,
incontable el dolor y las maneras
de hacerse daño, ser ajeno, inmune
a la corte y la aldea —la fama y el olvido—,
con sus enormes nimiedades, una,
y sus minúsculos gigantes, la otra.

No hay una sola forma de comprender el mundo.
Ya pasó el tiempo
de los grandes relatos:
cada hombre lleva en sí el metro y la medida
de su propio universo
y no está nadie —ni la Historia— al mando.

Ya nada nos sorprende, y todo nos abruma.
Cada vez es más débil el nosotros,
extraño al hombre son los hombres y,
olvidados los dioses,
cada uno busca en esta vida
las promesas de la otra por su cuenta:

refugio y parapeto —nada más—
contra el salvaje embate del ciclón
de cualquier existencia:
apartamiento el sabio, amparo el débil,
confrontación el bruto… Son inútiles.
Yo lo sé y no me afano.

Aquí y ahora, lejos de todo,
en la provincia amable de mí mismo
—no llamo identidad a un simple yo—,
cegando la espesura los senderos,
mientras desciende el cierzo
y ya se anuncia el reino de la nieve

—procuro no engañarme
con gangas de esperanza ni con saldos
de las rebajas ideológicas—,
la humanidad acaso sea únicamente esto:
aventar unas migas
de pan por la ventana a los gorriones.

PRESENTIMIENTO

Contemplando los copos
a través del cristal
me he quedado traspuesto.

Soñé que estabas en camino.

Que, pese a la nevada,
arrostrabas el riesgo
para venir a verme.

Al despertar, pensé
que hasta soñando somos egoístas,
pero el soñar presiente

de algún modo las cosas:

se presenta la tarde
con un ramo de sol entre la nieve
y cojo el coche yo para ir a verte.

PERSÉFONE, LA DONCELLA, REINA DE HIERRO, MENDIGA COMPAÑÍA

En soledad habita y en soledad
conforme se resarce
la muerte que no pesa y leve pasa,
como el vuelo de un ave o de un vilano,
rasgando silenciosa con su pluma
los nombres elegidos en el aire.

No se equivoca nunca.
                              El error es humano.

La vida o el amor que se nos mueren
en justicia lo hacen: al minuto
de haber ella dispuesto su mudo veredicto.

Ni siquiera los dioses se rebelan.

Y para qué valdría. Ya sabemos
que con ella se van los más valiosos,
los jóvenes, las bellas, los valientes,
cuantos siempre serían necesarios.

Nos lega la orfandad y el infinito
de una culpa imprecisa:
este seguir viviendo el dolor y la espera.

Un cadete que cae, un viejo que se apaga,
un niño accidentado: la caricia
de su mano de nieve.

No es más que un lento frío
que se adentra en la carne
y busca compañía.

Una vez y otra vez
triunfante y derrotada,
una vez y otra vez
en soledad perpetua.

Como Sísifo o Tántalo.

COMO EL VINO

Con Vicente García

Hemos sido cometas que en la noche
cruzan el firmamento iluminándolo
y dejan tras de sí una breve estela.

Un recuerdo quizá en los ojos de un niño
que olvidará el adulto, un deseo frustrado,
un acento de luz huérfano entre las sombras.

Hemos sido cometas que en la noche,
fieles a su principio, como el vino,
ardieron sin mesura y desaparecieron.

Leían

MUJER CON BOLSAS

A Beatriz Amposta
Roma, 1999

No limpia ni las hojas de los árboles.

Una mujer lo dice al paso: «¿Has visto?
No limpia ni las hojas de los árboles».

No sé para quién habla. Va ella sola.

Camina lentamente
lamiendo con la piel de sus sandalias
el frescor incipiente de la acera,
cargada con dos bolsas
se mece como un bolo golpeado.

Me mira al sesgo al pasar junto a ella,
como si viera en mí una amenaza,
la imagen de una vida
que acaso alguna vez la desganó.

Sus zapatos con polvo
hablan todas las lenguas de la tierra.

Camino bajo la luz del regreso
—nunca debí volver a donde fui feliz—,
pero tiene razón

esta mujer inacabable
con el alma arrancada y frío y sola.

Aunque me está calando hasta los huesos
la memoria que trae
en cada gota, en cada verso,
esta lluvia modesta e inconcreta
no limpia ni las hojas de los árboles.

CONVITE

Cuanto es error o pérdida
queda invitado a la nación del verso.

Disculpen su asistencia
las islas paraíso, las ínsulas felices
y, en general, los ciudadanos
más o menos conformes
con su triste existencia.

Se aplicará derecho de admisión
con el objeto de amparar
la pureza del canto.

AL FINAL DE ESTE POEMA SERÁS MÁS SABIO

into a mist will go the belief in harbours
of an entire race.

Dereck WALCOTT

Dudar.
Con toda la firmeza
que es posible.
Dudar
de todo lo seguro.
Dudar hasta saberlo todo.

Hasta que las certezas
se disuelvan
y mil cuentas minúsculas
rueden
por el firme inestable;

hasta que nada tiemble
sobre el vástago
y caigan por su peso,
en su sazón
de azúcar, las verdades.

No es perder: es haber perdido.

Vivir
sumidos entre niebla
en alta mar
hasta descreer de los puertos,
como después de Troya.

Dudar
para tenerlo todo,
hasta no tener nada.

Collar: cuentas e hilo.

Fruta: pájaro y piedra.

Hombre: conciencia y tiempo.

POÉTICA FLUVIAL

En la palabra *pez* está el anzuelo
que ha de engañar al río.

En el aliento,
a orillas del lenguaje, sigiloso,
afila su grafía el pescador.

FULGOR OSCURO

Me recuerdo escribiendo
(siempre, desde muy joven).

Ahora que ya no escribo —o lo hago poco—,
vuelvo la vista atrás
con más tristeza que nostalgia y veo
que envejecí de golpe todos aquellos años
perdidos entre versos, memorias y añoranzas.

Mas ¿de qué arrepentirme?

No tuve como guía un plano del tesoro,
ni lo encontré jamás, ni lo buscaba,
pero el fulgor oscuro
de las palabras siempre estuvo allí.

Brillaban en la noche como fotos
en el salón con lumbre de la luna.

Me llamaban.

ULTIMA THULE

Ahora que estás en el secreto, ahora
que ya lo sabes todo
sobre el divino fraude, el alma, el mundo
de leyendas amables con que el hombre
cubre cuanto le aterra o cuanto ignora;

ahora que has visto el universo entero
en la mirada opaca de la ciencia
y te has visto por dentro en el dictado
mudo de la palabra que se inflama
al contactar contigo y te hace arder;

ahora que nada queda del misterio
de estar a descubierto en la tormenta,
embozado en disfraces o desnudo en el rito
plural llamado amor, cuando ya todo,
en fin, se ha vuelto omega y cotidiano,

a ver cómo te explicas a ti mismo
que la belleza sea la respuesta
de cuanto existe siempre contra el tiempo,
confrontado a la muerte.
¿A eso también le encuentras un sentido?

EL HETERÓNIMO

Longe de mim em mim existo
Á parte de quem sou,
A sombra e o momento em que consisto.

Fernando PESSOA

Nadie está solo cuando por la pluma
surgen voces distintas a la propia:
ideas, opiniones, existencias
hasta entonces veladas,
caballeros de paso, nombres que me visitan…

El forastero acaso sea yo.
Y el primero que lee esas vidas intrusas.
Pero no soy el otro. Sé quién soy,
como el Quijano en su locura a rayas,
aunque ignoro quién es el que me escribe.

Un día se sabrá con certidumbre:
sus libros, sus mujeres, sus amigos
han de dar testimonio de que fue
alguien muy semejante a mí el autor
de estos versos ajenos y cercanos.

Empeño solitario
y afán de no ser solo, la lectura.
La soledad nos vuelve numerosos.
Amo la soledad. Por compañía:
la soledad nos hace innumerables.

EPIFANÍA

Y cegó sus dos ojos, aunque eran muy fuertes,
el centelleante brillo del rayo y del relámpago.

Hesíodo

Relámpago en la noche.

Mirando el firmamento, así nació
el reverso del agua fundadora:

si en el río que marcha y permanece
al hombre le fue dada una metáfora
para entender el tiempo sucesivo,

fue el inconstante fuego
quien reveló el instante,
                              la fiebre y el amor
que si acaso perduran en pavesas
que arrastra y mata el viento.

Son hijos de ese acto
el don de concebir lo inconcebible,
el ideal, el sueño, la poesía
y todo el arte con su vano empeño:
domar la epifanía.

EFECTOS SECUNDARIOS

No es un gesto banal
como tomar un vaso y acercarlo a la boca
para saciar la sed.

Conlleva sus peligros:
aunque no se acompañe de prospecto,
acarrea secuelas casi siempre.

Debes saberlo si, alocado, aceptas
tan invasivo tratamiento audaz.

Te expones al espejo de un poema,
a ver por dentro, a no volver jamás
a ser el mismo que eras
tan solo hace un instante, cuando abrías
ese objeto inocente:

el libro.

MUSEION

Calímaco, el poeta, en la gran biblioteca,
una tarde me dijo estas mismas palabras
que, según la leyenda, tan solo repetían
una sentencia del inimitable Homero.

«Apolonio, ni fama ni grandeza.
Que de nosotros quede este rumor
vibrando en los anales de la Historia:
leían cuando ya nadie lo hacía».

Índice

Esta primera edición de *Casa nostra,* que inicia la segunda década de existencia del Premio Internacional de Poesía José Zorrilla —encomiable iniciativa de don Enrique Cornejo—, fue compuesta en tipos Garamond en los ingenios informáticos de Ediciones Hiperión, de Madrid, en los últimos días del verano de 2025.

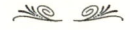

ARS GRATIA ARTIS